Natação Quatro Estilos

100 PERGUNTAS E RESPOSTAS
SOBRE NATAÇÃO

Natação Quatro Estilos

100 PERGUNTAS E RESPOSTAS SOBRE NATAÇÃO

Alexandre Ubilla
Assessor de Negócios da Metodologia Gustavo Borges
Autor de Livros sobre Saúde
Professor Universitário
Palestrante em Natação (Adaptação ao Treinamento)
Mestre em Reabilitação do Equilíbrio Corporal
Especialista em Treinamento e Fisiologia do Exercício
Doutorando em Ciências da Reabilitação

Adriano Gomes
Assessor de Negócios da Metodologia Gustavo Borges
Treinador de Natação *Master* e Infantil
Especialista em Gestão de Pessoas
Palestrante em Natação (Adaptação ao Treinamento)
Personal Trainer em Natação

EDITORA ATHENEU

São Paulo —	Rua Jesuíno Pascoal, 30
	Tel.: (11) 2858-8750
	Fax: (11) 2858-8766
	E-mail: atheneu@atheneu.com.br
Rio de Janeiro —	Rua Bambina, 74
	Tel.: (21)3094-1295
	Fax: (21)3094-1284
	E-mail: atheneu@atheneu.com.br

CAPA: Equipe Atheneu

PRODUÇÃO EDITORIAL/DIAGRAMAÇÃO: Rosane Guedes

CIP-BRASIL. CATALOGAÇÃO NA PUBLICAÇÃO
SINDICATO NACIONAL DOS EDITORES DE LIVROS, RJ

V713n

    Ubilla, Alexandre
       Natação quatro estilos : 100 perguntas e respostas sobre natação / Alexandre
Vieira, Adriano Gomes. - 1. ed. - Rio de Janeiro : Atheneu, 2019.

      Inclui bibliografia
      ISBN 978-85-388-0962-3

      1. Natação. I. Gomes, Adriano. II. Título.

| 19-55325 | CDD: 797.21 |
| | CDU: 797.21 |

Meri Gleice Rodrigues de Souza - Bibliotecária CRB-7/6439

21/02/2019   25/02/2019

UBILLA, A.; GOMES, A.
Natação Quatro Estilos – 100 Perguntas e Respostas sobre Natação

© *EDITORA ATHENEU – São Paulo, Rio de Janeiro, 2019*

Dedicatórias

Dedico este livro à minha família, por todo apoio a minha carreira e àqueles que se dedicam inteiramente a esse esporte tão fabuloso que é a natação, e que se aprimoram a cada dia, a cada curso, palestra, seminário ou congresso para levar ainda mais conhecimento aos seus alunos e a si mesmo.

Alexandre Ubilla

Dedico este livro aos amantes e amigos que a natação sempre vem apresentando e, assim, juntos, damos algumas braçadas. Em especial, à minha filha, Sara Grucci, por ser a inspiração em caminhar a cada dia querendo mais e mais.

Adriano Gomes

Agradecimentos

Gostaríamos de agradecer inicialmente a Deus, pela amizade e pelo enorme conhecimento adquirido até o momento, assim como às nossas famílias, que estão sempre ao nosso lado e também aos profissionais que nos ajudaram, direta ou indiretamente, na realização deste projeto.

À Editora Atheneu e colaboradores, por acreditar neste projeto e levar em frente esta obra que acreditamos ser capaz de ajudar os profissionais e aqueles que almejam conhecimento nesse esporte.

À equipe Gustavo Borges, que "respira" natação 24 horas, pelo total apoio a esse maravilhoso esporte.

Aos colegas, amigos, professores, assessores e demais pessoas que fazem desse esporte algo fantástico!

Apresentação

Perguntas e respostas sobre natação têm como principal objetivo abranger, com uma leitura de fácil entendimento, a prática dessa atividade e suas necessidades no cotidiano. Uma obra que relata a eficácia da natação e suas curiosidades sobre os aspectos da saúde física, intelectual e emocional na vida das pessoas.

A natação vem, ao longo dos tempos, ajudando um número de pessoas em diversas situações, seja por motivos de saúde ou por questões terapêuticas. Porém, muitos tabus são colocados à população, como os mitos e verdades sobre a prática desse esporte tão fabuloso.

As perguntas abordam também temas, como patologias, técnicas, táticas, treinamento adequado e também adaptação e iniciação ao esporte. O enfoque das patologias abordadas – doenças respiratórias, cardiovasculares, musculares e demais problemas relacionados com a saúde – foi feito de modo que o público-alvo para leitura e conhecimento destes sejam os professores, médicos, fisioterapeutas, praticantes de esporte em geral e áreas afins da saúde.

Que a leitura deste livro seja tão agradável proporcionalmente ao bem-estar e à realização almejados.

Boa leitura!

Prefácio 1

Vivemos em uma sociedade em que diversos tipos de atividades físicas são lançadas anualmente sem serem questionados seus benefícios ou desvantagens futuras.

Este livro vem para responder às questões frequentes, naturais e profundas sobre o mundo da natação. Visa alcançar nadadores, técnicos, médicos, fisioterapeutas, praticantes do esporte e pessoas apaixonadas por essa atividade, bem como instruir educadores físicos preocupados em proporcionar as melhores e corretas diretrizes dessa atividade.

Ainda, esclarecerá aos pais – de maneira prática e clara – as preocupações normais com o desenvolvimento, segurança e saúde de seus filhos.

Falar de natação é algo extremamente prazeroso para mim. Não sei o que é viver fora desse esporte. Fui atleta iniciante, atleta de alto nível, nadador olímpico (Atlanta, 1996), gerenciei escolas de natação e hoje acompanho e colaboro para o desenvolvimento da natação por meio da Metodologia Gustavo Borges.

Quando o Adriano e o Alexandre me convidaram para escrever este prefácio, tinha certeza que o projeto seria maravilhoso.

Alexandre, professor universitário e autor de vários livros, sempre teve a preocupação de ensinar e ajudar as pessoas com seus conhecimentos e experiências.

Adriano é educador físico, entusiasta da natação e conhecedor de natação, desde as idades mais tenras até para atletas que buscam as mais diferentes *perfomances* dentro d'água.

Neste livro, você conhecerá, com propriedade, mais sobre esse esporte fascinante, benéfico e, às vezes, obrigatório para a saúde.

Saudações aquáticas,

Cassiano Schalch Leal
Atleta Olímpico
Sócio da Academia Gustavo Borges São Paulo

Prefácio 2

Falar sobre a natação foi sempre algo muito intenso em minha vida, pois entrei nesse universo desde pequeno por iniciativa de meu pai, que foi meu primeiro treinador.

E claro, vivendo nesse mundo das águas, e tendo a natação como uma estrada de minha vida, ao longo do percurso vamos conhecendo mais pessoas que vivem nessas mesmas águas da vida, até o momento que essas águas se juntam. E foi assim que conheci os professores Adriano e Alexandre, pela natação, por trabalharmos nas "mesmas águas", considerado como nosso ambiente de trabalho, um escritório movido pela água e pelas pessoas apaixonadas por essa modalidade.

Claro que em questão de tempo começamos a interagir, discutir sempre no trabalho e compartilhar assim nossos valores e crenças, das quais acreditamos para o mundo da natação.

Ao saber da notícia que esses dois grandes amigos estavam compartilhando por meio de um livro um pouco da vivência deles sobre a água, fiquei muito feliz em saber e conhecer a ideia, e muito mais feliz ainda em poder participar de um pedacinho do material deles, que com certeza irá trazer cada vez mais pessoas próximas de nossas águas. Assim espero que você, leitor, aprecie este material, criado e dedicado a você, seja por uma razão profissional ou pessoal, e tenha o interesse em cada vez mais se aproximar desse universo repleto de pessoas e profissionais que amam a natação e a água.

Sorte aos meus amigos Adriano e Alexandre!

Rodrigo Bardi
Campeão Mundial Master *de Natação*

Sumário

Introdução 1

Curiosidades Gerais 7

1. Quais são os benefícios da natação? 8

2. Praticar natação alarga os ombros? 8

3. Apesar de nadadores estarem sempre cercados por água, eles são vulneráveis à desidratação? 8

4. Um iniciante aprende rápido a nadar? 8

5. Fazer natação desenvolve o corpo? 9

6. A natação pode prejudicar o corpo se ficar muito tempo na água, em relação à queda de imunidade? 9

7. Quais os benefícios físicos e psicológicos da natação? 9

8. Qual dos estilos da natação queima mais calorias? 9

9. Quais acessórios preciso ter para começar a nadar? 10

10. Por que é legal praticar esse esporte? 10

11. As piscinas precisam ter um sistema de tratamento da água diferente? 10

12. Qual a temperatura ideal da piscina? 11

13. Para fazer uma virada olímpica, é preciso utilizar muitas técnicas? 11

14. Será que a natação é boa para definir abdome, glúteos, coxas e ombros? 11

15. Quais os objetivos que um planejamento de natação poderia ter além de resistência, corretivos e velocidade? 12

Sumário

16. Qual o tamanho e a profundidade adequada de uma piscina de natação para 6 e 14 anos? 12

17. Levando em consideração o curto tempo das aulas (50 min) para aperfeiçoamento das qualidades físicas, exercícios corretivos, perna, braço, etc., será preciso ter 10 min de alongamento? Fazer antes ou depois do aquecimento? Preciso fazer no final das aulas também? 13

18. Qual a diferença entre homens e mulheres na natação? 13

19. Qual a importância da musculação para o nadador e em que ponto ela ajuda e prejudica esse atleta? 14

20. Quais os nados que uma gestante pode praticar? 14

21. Natação pode causar flacidez? 14

22. No nado *crawl*, o movimento da cabeça deve ser bilateral ou unilateral? 15

23. É possível aprender a nadar os quatro estilos em apenas uma aula por semana? 15

24. Gostaria de saber quais os exercícios mais indicados para que eu possa obter tal habilidade como a flutuação. 16

25. Nadar menos e mais rápido é mais eficaz? 16

26. Nadar aumenta a fome? 16

27. Sou praticante de natação para competição e gostaria de saber se a altura é um fator importante para se ganhar em competições de natação? 17

28. Como conseguir maior resistência nas provas de fundo da natação? 17

29. A natação emagrece? 18

30. Choque térmico com chuveiro frio antes da natação, é possível? 18

31. Qual a idade e frequência para se começar a praticar a natação? 18

32. Qual o desconforto em colocar os ouvidos na água? 19

33. Quando usar touca e óculos? 19

34. Como meu organismo reage diante de atividades físicas no meio aquático? 20

35. Por que a água favorece a consciência corporal? 20

36. A água exige que o corpo encontre outro centro de gravidade? 20

Sumário

Patologias e a Natação *21*

37. É verdade que natação é boa para asma e outros problemas respiratórios? *22*

38. Pode a natação fazer crescer os ossos e, por consequência, a estatura? *22*

39. É um exercício de baixo impacto? *22*

40. É necessário o acompanhamento de um médico? *23*

41. Qual o melhor estilo de natação para ajudar a conviver com os problemas acima? Algum estilo não deve ser praticado? *23*

42. Quem sofre de escoliose não pode nadar o estilo peito e borboleta? Se for de forma moderada pode prejudicar? Por quê? *23*

43. Quais os cuidados e recomendações que podemos dar para alunos cardiopatas? *24*

44. Fisiologicamente, qual a importância da natação e benefícios para atletas portadores de bronquite asmática? *24*

45. Quais os benefícios da água quente durante a prática da natação? *25*

46. Quando o indivíduo está praticando exercícios na água, uma resistência natural passa a ser oferecida ao corpo. Que tipo de ganho ele agrega com isso? *26*

47. A água possui efeito massageador? *26*

48. A água pode favorecer pessoas com excesso de peso ou mulheres grávidas? *26*

Crianças e o Meio Aquático *27*

49. Quais os objetivos da natação para os bebês e crianças? *28*

50. Fatores ambientais podem influenciar o desenvolvimento aquático infantil? *28*

51. Características e estratégias para turmas de bebês e crianças. Como devo planejar? *28*

52. Qual critério devo estabelecer para formatar um estilo de ensino? *29*

53. Colocando meu filho para nadar do ponto de vista motor, o que devo observar em cada faixa etária? O que vai acontecendo? *29*

Sumário

54. É verdade que crianças aprendem mais rápido a nadar do que os adultos? 30

55. Quando fazer atividades recreativas na natação? 30

56. Quanto mais cedo a criança entrar na piscina, mais facilidade ela terá em nadar? 31

57. O contato precoce com a água fará com que ela não desenvolva medo de entrar na piscina ou no mar? 31

58. Na água, a relação entre mãe/pai e filho se estreita? 31

59. Bebês que frequentam a piscina têm mais chance de desenvolver problemas no ouvido? 31

60. Os bebês com problemas respiratórios se beneficiam das atividades dentro da água? 32

61. A água da piscina precisa estar morna? 32

62. Piscinas tratadas com cloro agridem a pele da criança e podem provocar alergia? 32

63. Durante as aulas de natação, a criança pode usar a boia? 32

64. A criança deve começar a nadar só depois de completar 1 ano? ...32

65. Os mergulhos/imersões nas aulas de bebê comprometem à riscos para a saúde deles? 33

66. Qual o papel do professor para aulas de natação infantil? O que ele deve saber? 33

67. Que tipo de recomendações médicas são importantes para a prática da natação infantil? 33

68. Quando o bebê pode começar a prática da natação? 34

69. Os pais precisam participar das aulas? 34

70. Qual o melhor momento em que os pais devem sair das aulas de natação para bebês? 34

71. Como são as aulas? 35

72. É preciso dar banho logo depois da aula? 35

73. O que comer antes da aula? 36

74. É melhor suspender a natação no inverno? 36

75. Na natação para crianças de 10 a 12 anos, qual seria a melhor aula, a lúdica ou não? Qual é a melhor pedagogia a ser adotada? 36

Sumário

76. Como prender a atenção das crianças nas aulas de natação? *36*

77. Como aproximar (toque) as crianças na natação? *37*

78. Na natação para crianças de 3 a 6 anos, como são programadas as atividades? São brincadeiras? E onde posso ler sobre isso? *38*

79. Colocando meu filho para nadar desde bebê, ele tem mais chances de ser um campeão? *38*

80. Qual a importância do elogio na aula de natação? *39*

81. Meu filho participou de um festival, chegou em primeiro lugar e ganhou a mesma medalha do último colocado. Isso é certo? *39*

Treinamento Desportivo *41*

82. Quais são os principais erros que os nadadores cometem? *42*

83. A idade para o início da natação teria aumentado, alterando as estatísticas de prevenção do afogamento e promovendo a segurança na água? *42*

84. Quais são as principais formas de contaminação de piscinas? *42*

85. Sobre a prática da natação no inverno, como devemos proceder? *43*

86. Quais são os benefícios da natação? *43*

87. Quais são os tamanhos oficiais de uma piscina olímpica? *43*

88. Já ouvi dizer que o nadador César Cielo Filho bateu recordes mundiais em uma piscina de jarda. Qual o tamanho dessa piscina em metros? *44*

89. Quais os pontos fundamentais para uma boa aula de natação? *44*

90. Por que o nado submerso é importante na natação? *45*

91. Aquecimento ou alongamento antes da sua aula ou treino? *45*

92. Como melhorar meu desempenho na natação? *45*

93. Nadar no mar e nadar na piscina é diferente? O que acontece com o meu nado? *46*

94. Quero nadar em águas abertas. Como devo treinar? *46*

95. Qual a melhor técnica e tática para contar as boias nas provas de águas abertas? *47*

96. Como devo elaborar um programa de treinamento para a natação? Quais pontos são determinantes para isso? *47*

xix

97. Tenho medo de realizar a virada olímpica na natação. O que devo fazer para perder esse medo? *48*

98. Qual musculatura é envolvida na braçada e pernada dos nados competivos? *48*

99. O que são palmateios? Para que servem? *49*

100. Quais os melhores educativos? Por exemplo, como o do técnico Bob Bowman para o nadador Michael Phelps? *49*

Bibliografia *51*

Introdução

Introdução

Apesar de não ser um exercício tão natural para o ser humano como caminhar ou correr, a natação existe há milênios. Praticada na Grécia Antiga e pelos romanos, entre outros povos, a natação, embora popular, demorou muito para se transformar em uma competição organizada, tendo seus estilos se desenvolvido de diferentes formas ao longo da história.

Os povos antigos (assírios, egípcios, fenícios, ameríndios, etc.) eram exímios nadadores. Muitos dos estilos do nado desenvolvidos a partir das primeiras competições esportivas realizadas no século XIX basearam-se no estilo de natação dos indígenas da América e da Austrália.

Entre os gregos, o culto da beleza física fez da natação um dos exercícios mais importantes para o desenvolvimento harmonioso do corpo. Acredita-se que já nessa época a competição era praticada: aos melhores nadadores eram erigidas estátuas. O esporte também era incluído no treino dos guerreiros.

Em Roma, a natação também configurava um método de preparação física do povo, incluído entre as matérias do sistema educacional romano. Era praticada em magníficas termas, construções suntuosas onde ficavam as piscinas, de tamanho variável – as comuns mediam 100 × 25 metros. Platão afirmava que o homem que não sabia nadar não era educado.

Com a queda do Império Romano, ela praticamente desapareceu até a idade média. Nessa época, até temiam que a modalidade disseminasse epidemias. No Renascimento, algumas dessas falsas noções começaram a cair em descrédito. Surgiram então várias piscinas públicas, sendo a primeira construída em Paris, no reinado de Luís XIV.

A natação começou a ser difundida somente após a primeira metade do século XIX, em que começou a progredir como desporto, realizando-se as primeiras provas em Londres, em 1837. Várias competições foram organizadas nos anos subsequentes e em 1844 alguns nadadores norte-americanos atuaram em Londres, vencendo todas as provas. Até então o estilo empregado era uma braçada de

Introdução

peito, executada de lado. Mais tarde, para diminuir a resistência da água, passou-se a levar um dos braços à frente pela superfície, que foi chamado de *single overarm stroke*, e depois foi mudado para levar um braço de cada vez, chamado de *double arm stroke*.

Em 1893, os pés ainda faziam um movimento de tesoura, e depois foi adotado um movimento de pernas agitadas na vertical, chamado de *crawl* australiano.

A prática desportiva da natação faz parte do programa olímpico desde a primeira edição dos Jogos Olímpicos modernos, em Atenas (Grécia), em 1896, embora a categoria feminina só tenha entrado na edição de 1912, em Estocolmo (Suécia).

Já em 1908, foi criada a Federação Internacional de Natação Amadora (FINA), que rege os 4 nados atualmente praticados na natação: *crawl*, costas, peito e borboleta, sendo *crawl* o mais rápido. Além disso, a FINA é responsável por controlar a natação em âmbito mundial.

No Brasil, a natação foi introduzida oficialmente no Brasil em 31 de julho de 1897, quando os clubes Botafogo, Gragoatá, Icaraí e Flamengo fundaram no Rio de Janeiro a União de Regatas Fluminense, que foi chamada mais tarde de Conselho Superior de Regatas e Federação Brasileira das Sociedades de Remo. Em 1898, eles promoveram o primeiro campeonato brasileiro de 1.500 m. Abrão Saliture foi o campeão, nado livre.

Em 1913, o campeonato brasileiro passou a ser promovido pela Federação Brasileira das Sociedades do Remo, em Botafogo. Além dos 1.500 m nado livre, também foram disputadas provas de 100 m para estreantes, 600 m para seniores e 200 m para juniores.

Em 1914, o esporte e competições no Brasil começaram a ser controladas pela Confederação Brasileira de Desportos.

A primeira medalha olímpica foi conquistada na cidade de Helsinque, na Finlândia, por Tetsuo Okamuto na prova de 1.500 m livre (tempo de 18m51s30).

Introdução

O primeiro brasileiro a nadar abaixo da casa de 1 minuto foi Manoel dos Santos, nos Jogos Olímpicos de 1960 na prova dos 100 m livres (55s40). Anos depois, veio o primeiro ouro olímpico com César Cielo Filho, conquistado nos Jogos Olímpicos de Pequim em 2008, na prova de 50 m livre (21s30). Nenhuma mulher ainda alcançou a conquista do pódio. No total, foram 12 medalhas, sendo uma de ouro, quatro de prata e sete de bronze para a equipe verde e amarela.

O nadador Gustavo Borges é o maior atleta olímpico da natação brasileira, tendo em seu currículo quatro medalhas olímpicas: prata nos 100 m livre nos Jogos Olímpicos de Barcelona/1992; prata nos 200 m livre e bronze nos 100 m livre nos Jogos Olímpicos de Atlanta/1996; bronze nos 4 × 100 m livre nos Jogos Olímpicos de Sydney/2000.

Avanços tecnológicos, os placares eletrônicos foram criados pela empresa suíça Omega, atuando com os eventos internacionais esportivos desde 1932, quando foi a responsável pela cronometragem dos Jogos Olímpicos de Los Angeles. O primeiro sistema semiautomático foi criação da Omega para as Olimpíadas de 1956 em Melbourne.

O sistema se chamava *Swim Eight-O-Matic Timer*, e dava a oportunidade para a identificação de empates com nadadores de mesmo tempo. Em 1972, nos Jogos de Munique, a Omega trouxe uma modificação no sistema que agora chegava ao milésimo de segundo, mas foi determinação da FINA estabelecer o centésimo como a marca mínima na cronometragem da natação.

Também foram criação da Omega as placas eletrônicas colocadas nas bordas e foram uma necessidade após um conflitivo final de prova dos Jogos Olímpicos de 1960, em Roma.

A Omega desenvolveu as placas eletrônicas com base nesse problema, e a estreia foi nos Jogos Pan-Americanos de 1967 em Winninpeg no Canadá. Hoje, as placas são bem sensitivas mas só acionam o sistema de cronometragem com uma pressão de no mínimo três quilos.

Introdução

A parceria da Omega com a FINA também deu oportunidade de investir em outras inovações para o esporte. O sistema de *real time* para os resultados foi criado no início da década de 1980 e com capacidade de se acompanhar as provas com um atraso de 15 segundos para os parciais e resultados finais.

Assim, os tempos dos nadadores nas provas de competição podem ser marcados e diferenciados com precisão. Mas não são só as tecnologias na beira da piscina ou de arbitragem que mudaram completamente a estrutura do esporte: os chamados "trajes de competição" talvez sejam um dos maiores benefícios para os atletas de alto rendimento quando se trata de centésimos de diferença no tempo final.

A evolução dos maiôs acompanhou o desenvolvimento da natação no século XX. Tecidos cada vez mais finos e *design* que permite maior mobilidade e flutuabilidade dentro da água são as grandes características de um dos maiores aliados do nadador na hora de competir. Os trajes surgiram após os Jogos Olímpicos em Atlanta, em 1996, e ganharam evidência nas Olimpíadas de Sydney, em 2000.

No mesmo ano, os estudos direcionaram-se para o tubarão, o animal mais veloz dentro da água. Surgiu o modelo chamado *Fast Skin*, que imita o desenho do tubarão, quebrando 13 dos 15 recordes mundiais cravados nas Olimpíadas de Sydney.

O traje tecnológico LZR Racer vestiu 18 dos 19 nadadores que quebraram recordes mundiais em 2008 e é feito com tecido ultrafino que repele a água e comprime os músculos, facilitando o deslize com mais eficiência e menos esforço. O LZR Racer foi utilizado até maio de 2008, quando 37 recordes mundiais (em piscinas de 25 e 50 metros) haviam sido batidos.

Em 2010, a FINA decidiu proibir os super maiôs. Assim, os trajes devem ser desenvolvidos com material têxtil e não mais a partir do poliuretano. Os maiôs também têm que cobrir uma área menor do corpo. A área de cobertura das roupas aquáticas nos atletas vai dos ombros até os joelhos, no caso da mulheres, e apenas uma bermuda até os joelhos, no caso dos homens.

Curiosidades Gerais

Curiosidades Gerais

1. **Quais são os benefícios da natação?**

Nadar é, inegavelmente, o melhor esporte para participar. Você usa todos os músculos e, diante disso, melhora seu sistema respiratório, bem como:

- Melhora seu sistema imunológico;
- Ganha um novo ânimo: quem pratica atividades físicas tem uma maior disposição para fazer as coisas do dia a dia;
- Melhora a coordenação motora;
- Enrijece os músculos;
- Relaxa a mente e a memória, garantindo uma ótima oxigenação para o cérebro;
- Ajuda a combater o estresse;
- É um exercício aeróbio;
- Queima em média 600 calorias por hora;
- Melhora seu sistema cardiovascular.

2. **Praticar natação alarga os ombros?**

Esse mito não é comprovado. O que se sabe é que o trabalho dos nados prioriza os músculos dorsais, o que pode dar a impressão visual de ombros largos. No entanto, a estrutura óssea não se altera com o exercício, somente a musculatura.

3. **Apesar de nadadores estarem sempre cercados por água, eles são vulneráveis à desidratação?**

Sim. A sensação de sede pode ser menos perceptível para os atletas de esportes aquáticos. No entanto, os riscos de desidratação são grandes se não houver uma reposição hídrica constante, especialmente durante o verão.

4. **Um iniciante aprende rápido a nadar?**

Depende de vários aspectos, dentre eles a duração e a quantidade de aulas praticada dentro do mês/semana. Para o nados simétricos (borboleta e peito), o aprendizado pode ser tardio, tendo em vista que iniciamos a aprendizagem da natação pelos nados assimétricos (*crawl* e costas).

Curiosidades Gerais

Antes de iniciar os nados, o alunos deve ter consolidado o processo de adaptação ao ambiente e o meio aquático, respiração geral e flutuações em geral. O professor não deve antecipar ou pular as fases de aprendizagem.

5. Fazer natação desenvolve o corpo?

Sim, desenvolve em vários aspectos; e, com relação à estatura, não há nada científico até o momento que desvende essa questão. O crescimento está relacionado a uma boa nutrição e boas noites de sono e a genética, sendo uma das características de fundamental importância.

6. A natação pode prejudicar o corpo se ficar muito tempo na água, em relação à queda de imunidade?

Na prática da natação, você perde muitas calorias, e se não houver uma alimentação correta, poderá ficar sem "combustível e fraco". Ao sair da piscina gelada e tomar um banho bem quente, isso só piora as coisas: quando sair da piscina, sente-se um pouco e descanse, depois vá para o chuveiro. Não é algo clínico: estando cansado, sua pressão pode ter dado uma queda e subido de novo rapidamente, causando tontura.

7. Quais os benefícios físicos e psicológicos da natação?

A natação é uma modalidade física completa. Dela, se obtêm muitos benefícios físicos e psicológicos, tais como: coordenação motora, controle da respiração, resistência e fortalecimento muscular, resistência respiratória, amplitude de movimento articular, aumenta a autoestima, segurança, espírito de equipe, sociabilidade, enfim vários itens podem ser citados. Por ser uma atividade aeróbica, ajuda a eliminar calorias, tornando o corpo do praticante mais saudável.

8. Qual dos estilos da natação queima mais calorias?

Embora a natação, de maneira geral, traga benefícios à saúde, os diferentes tipos de nado trabalham partes do corpo de maneira específica, o que também causa uma diferença na quantidade

Curiosidades Gerais

de calorias queimadas. Na verdade, as modalidades de natação trabalham todos os grandes complexos musculares, o que muda é a intensidade com que alguns músculos são trabalhados.

Gasto médio calórico de cada nado:

- Borboleta: 840 calorias por hora;
- *Crawl*: 720 calorias por hora;
- Costas: 720 calorias por hora;
- Peito: 660 calorias por hora.

9. Quais acessórios preciso ter para começar a nadar?

O cloro das piscinas é prejudicial aos olhos e cabelos. Por isso, é importante usar óculos de natação para impedir que a água entre em contato com os olhos e lavar bem o cabelo após uma aula de natação. Na hora de escolher os óculos, é importante optar por modelos que melhor se adaptem ao seu formato de rosto. Outro cuidado importante é trocar os óculos de tempos em tempos, senão a borracha que impede que a água entre em contato com os olhos fica ressecada e dura, perdendo a sua funcionalidade.

10. Por que é legal praticar esse esporte?

A movimentação na água estimula a coordenação motora de membros superiores e inferiores e a percepção visual, por meio de objetos coloridos colocados na piscina como material de apoio. Há ainda o ganho de desenvolvimento pela interação com os colegas durante os exercícios. Em função do gasto energético, a natação também aumenta o apetite, além de fazer o bebê ficar mais relaxado, devido à liberação de endorfinas.

11. As piscinas precisam ter um sistema de tratamento da água diferente?

As academias normalmente oferecem água tratada com cloro, substância que pode ser agressiva para a pele, os cabelos e os olhos dos bebês. No entanto, os pais podem ficar tranquilos, já que é tomado um cuidado especial para que as aulas sejam de curta duração, sendo no máximo 40 minutos, tempo insuficiente para que isso aconteça.

Curiosidades Gerais

12. Qual a temperatura ideal da piscina?

É aconselhado para bebês e crianças até 3 anos a temperatura média de 29 °C e 32 °C, sabemos que o bebê perde muita caloria e calor durante uma sessão de aula, além de ficarem incomodados, podem não render nas atividades propostas. Para crianças acima dos 3 anos em média de 28 °C e 30 °C, porém recomendamos que os pais possam verificar se o ambiente da piscina também é climatizado, em função da temperatura elevada da água.

Para alunos adultos/treinamento ideal que a temperatura fique entre 25 °C e 29 °C. (Maierá, 2000; Merighe, 1990).

13. Para fazer uma virada olímpica, é preciso utilizar muitas técnicas?

A virada olímpica é necessária para dar ritmo e impulsionar o nado, seja qual for, visto que para ser realizada, basta um movimento feito na aproximação da borda da piscina. Quando realizada de forma correta, a virada olímpica otimiza o tempo do nadador e o ajuda em seu rendimento. Há dois tipos de viradas: as abertas (simples) e fechadas (olímpica). Nas abertas, o nadador consegue fazer a inspiração antes da virada e, normalmente, são executadas como forma pendular, tocando as mãos e os pés na parede e com joelhos flexionados dando o impulso. Entretanto, nas fechadas, denominada virada olímpica, realiza-se o giro (cambalhota) para frente, o *crawl*, ou para trás, no nado de costas, sem tocar as mãos na borda da piscina. Existem três fases para a virada: a aproximação, o giro e o impulso.

14. Será que a natação é boa para definir abdome, glúteos, coxas e ombros?

As pessoas que praticam natação conseguem desenvolver melhor a musculatura do corpo e também desfrutam de uma qualidade de vida superior. Com o tempo, você vai começar a perceber uma melhor definição de diversas regiões do seu corpo. A natação é também um bom exercício físico para combater o estresse e aumentar

Curiosidades Gerais

a autoestima. Por ser praticada dentro da água, a natação é uma atividade física de baixa intensidade. E, por isso, a recuperação dos músculos é mais rápida. Enquanto certos exercícios exigem um descanso muscular de 48 horas, a natação exige apenas 6 a 24 horas, no máximo. As diferentes modalidades da natação trabalham todos os grupos musculares. Além de acabar com a fadiga, aumentar o fôlego e a resistência física, mantém o corpo em forma, obtendo músculos mais torneados, ajudando a eliminar gorduras.

15. **Quais os objetivos que um planejamento de natação poderia ter além de resistência, corretivos, velocidade?**

- Adaptação: o período de domínio do próprio corpo no meio aquático, trabalhando equilíbrio, respiração, flutuação, deslize, propulsão, saltos, etc.
- Aprendizado: fase de aprendizado de pernada, braçada e respiração dos quatro estilos básicos;
- Aperfeiçoamento: é a fase de correção ou polimento dos 4 estilos, saídas e viradas, com treinamentos leves de resistência e velocidade para preparação para futuras competições;
- Treinamento: trabalha o *medley* para competição – o objetivo principal é desenvolver a capacidade aeróbica e anaeróbica do atleta, acoplado ao aprimoramento dos 4 nados, principalmente borboleta e viradas olímpicas, visando uma *performance* melhor para competição e campeonatos.

16. **Qual o tamanho e a profundidade adequada de uma piscina de natação para 6 e 14 anos?**

O ideal para o aprendizado é que seja uma piscina em que a criança se sinta segura, e essa segurança está relacionada a alcançar o fundo com o pé. A qualidade dos movimentos e a atenção são maiores quando não existe a preocupação de alcançar distância, quando não se tem a preocupação de chegar na borda. Quanto mais adequado o meio, melhores serão as possibilidades de realizar um bom trabalho. Se a piscina tiver 12,5 de largura, ela pode ter no comprimento uma profundidade variada e ser utilizada na lateral

Curiosidades Gerais

para o aprendizado. Assim, a profundidade pode se adequar para as diversas faixas etárias e também pode ter uma parte mais profunda que pode ser muito útil no treinamento da sobrevivência.

17. Levando em consideração o curto tempo das aulas (50 min) para aperfeiçoamento das qualidades físicas, exercícios corretivos, perna, braço, etc., será preciso ter 10 min de alongamento? Fazer antes ou depois do aquecimento? Preciso fazer no final das aulas também?

Depende do nível técnico e do treino, se será para iniciantes, atletas profissionais ou não. Tentarei abranger todo tipo de treino.

Baseando-se na experiência prática, pode-se afirmar que todo aquecimento executado dentro das técnicas apropriadas, volume e intensidade adequados, terão efeitos benéficos sobre a *performance*, além de salvaguardar o organismo de possíveis lesões. O alongamento está diretamente ligado ao aquecimento e em muitos casos são confundidos. Para que haja um bom entendimento, é bom salientar que a qualidade de uma atividade independe do alongamento ser executado antes e/ou depois da atividade e sim da intensidade e duração da mesma. Não se pode deixar de considerar a indispensabilidade de um trabalho preparatório prévio, bem como de uma volta à calma após os exercícios. Em se tratando de equipe de competição, o tempo do treino, propriamente dito, varia de acordo com a fase (básica/específica/competição/transição), podendo aumentar na fase básica e específica (volume × intensidade) ou diminuir no período de competição e transição (também chamado de polimento).

18. Qual a diferença entre homens e mulheres na natação?

A mulher tem melhor capacidade de flutuação, em função das estruturas anatômicas do homem. O centro de gravidade do homem é ligeiramente mais alto em seu corpo, e na mulher mais baixo, por isso a mulher tem maior facilidade em flutuar na posição horizontal.

Curiosidades Gerais

Dependendo da posição de imersão do corpo na água, o corpo pode ficar até 90% mais leve.

19. Qual a importância da musculação para o nadador e em que ponto ela ajuda e prejudica esse atleta?

Com certeza um trabalho bem fundamentado de musculação pode colaborar com a performance do nadador. Inclusive, no programa de pós-graduação em atividades aquáticas da FMU foi incluído esse tema, que hoje é bem valorizado pelos treinadores. A musculação específica reforça o trabalho dos grupos musculares envolvidos nos nados e também um trabalho com os antagonistas. Pode também colaborar na preservação, pois pode promover o fortalecimento de musculaturas relacionadas a articulações sobrecarregadas.

20. Quais os nados que uma gestante pode praticar?

A natação proporciona uma série de benefícios para a gestante, como melhora da capacidade respiratória; fortalecimento muscular global, inclusive dos músculos pélvicos, preparando a grávida para o parto; melhora do retorno venoso diminuindo edemas; auxilia a manter a forma ajudando a melhorar a autoestima etc. Todos os nados podem ser praticados com exceção do nado borboleta, pois o peso da barriga e os movimentos ondulatórios podem prejudicar a coluna.

21. Natação pode causar flacidez?

Infelizmente, existem muitas crenças e mitos quando o assunto é emagrecimento e atividade física; enfim, talvez a natação não seja um exercício que mais favoreça o "enrijecimento" tão esperado, no entanto, jamais causaria flacidez. Aliás, são inúmeros os benefícios adquiridos com a sua prática. Não descarte a ideia de continuar nadando e, se possível, complementar com alguns exercícios de musculação (mais específicos para esse fim).

Curiosidades Gerais

22. No nado *crawl*, o movimento da cabeça deve ser bilateral ou unilateral?

Primeiro, temos que separar a natação com finalidade de competição daquela natação para o indivíduo que busca melhorar sua saúde. Sempre, no aprendizado dos estilos, deve-se propor a respiração do *crawl* para ambos os lados; mesmo que o aluno tenha um lado mais desenvolvido ou mais facilitado (isso ocorre comumente), deve-se estimular a respiração para o lado não dominante. Os motivos para isso: a coordenação motora integral do aluno deve ser trabalhada e desenvolvida, e a musculatura do pescoço e paravertebral tem que ser trabalhada igualmente, ou seja, com a respiração para os dois lados. É muito comum verificarmos em adultos que há muito tempo nadam o *crawl* respirando somente para o seu lado dominante, a sua musculatura paravertebral contrária ao lado para o qual ele respira é bem mais desenvolvida que a do outro lado da coluna. Assim, para se evitar problemas musculares e de coordenação motora, deve-se, sempre, estimular o uso da respiração bilateral.

A respiração para um único lado, aquele lado dominante do aluno, deve ser estimulada quando o objetivo for uma natação mais rápida e eficiente, ou seja, em competições e em esporte de alto nível, pois, obviamente, o atleta terá um melhor rendimento respirando para o lado que tem maior facilidade. Mesmo assim, nesses indivíduos, em alguma parte do treinamento deve ser feito um trabalho de compensação muscular.

23. É possível aprender a nadar os quatro estilos em apenas uma aula por semana?

Podemos afirmar que é possível o aluno aprender a nadar com uma aula por semana. Com certeza, o processo será mais lento e demorado por diversos fatores que a direção da escola deveria levar em conta. Cabe a você a tarefa de conseguir executar seu

Curiosidades Gerais

trabalho, apesar das dificuldades que essa carga horária impõe. Tome como um desafio e envolva seu aluno para que ele se empenhe e faça cada aula com muita dedicação. Acredite no seu trabalho e tenha certeza que as dificuldades que tal experiência irá trazer vão lhe acrescentar como profissional.

24. Gostaria de saber quais os exercícios mais indicados para que eu possa obter tal habilidade como a flutuação.

A flutuabilidade está também relacionada à adaptação ao meio líquido, além de sofrer outras influências, como composição corporal. No entanto, se a habilidade necessária significa nadar, seria interessante que você procurasse um professor de natação, para que ele fizesse uma "avaliação" e prescrevesse os exercícios mais adequados.

25. Nadar menos e mais rápido é mais eficaz?

A duração, assim como a intensidade e a frequência em que você realiza qualquer atividade são fatores determinantes. Você certamente irá obter benefícios com as duas formas, contínua ou intervalada, porém, tente fazer aquele que lhe oferece mais prazer. Assim, sua adesão é maior. Uma dica são treinos variados, com exercícios educativos, trabalhos de perna, braço, velocidade, enfim, não se preocupe tanto com a metragem, o que importa é nadar de maneira correta e regular.

26. Nadar aumenta a fome?

Qualquer exercício físico requer energia para sua realização, ou seja, você deve se alimentar de maneira correta antes e após a sua prática, para que sejam repostos os estoques de glicogênio consumidos durante a atividade. A exigência metabólica depende não apenas da duração, mas de fatores como intensidade e também do seu estado de treinamento. É comum pessoas relatarem uma maior sensação de fome após a prática

Curiosidades Gerais

de natação, porém, não existem evidências científicas que comprovem essa teoria.

27. Sou praticante de natação para competição e gostaria de saber se a altura é um fator importante para se ganhar em competições de natação?

O biotipo tem grande influência na prática do esporte competitivo. No caso da natação, o atleta com uma maior estatura tem vantagem nas provas de velocidade, mas nas provas de fundo esta não auxilia; pelo contrário, os com baixa estatura têm obtido melhores resultados. Na realidade, vários fatores fazem um campeão, mas o mais importante é que ao praticar um esporte você tenha garra e dedicação para poder dar o seu melhor. Competindo, você sempre vai estar ganhando experiência, saúde e momentos de desafio que serão de grande importância na sua vida. Não deixe de praticar seu esporte com muita seriedade, batalhando por seus objetivos com muita determinação, pois isso com certeza lhe fará muito bem.

Lembre-se, uma alimentação adequada também é muito importante para render e poder se desenvolver.

Crawl		Peito	Costas	Borboleta	Medley
100 m	1.500 m				

Curiosidades Gerais

28. Como conseguir maior resistência nas provas de fundo da natação?

Nas provas de natação, a respiração é de grande importância, assim como a qualidade técnica do nado. Nas provas de fundo, nas quais a distância percorrida é maior e consequentemente o número de execuções é grande, todos os detalhes devem ser aprimorados para uma maior eficiência e um menor desgaste. Acredito na respiração bilateral (3 × 1) para provas de fundo, mas tenho pesquisado e constatado que nem sempre os atletas dominam esse tipo de respiração. Nesse caso, é melhor deixar que a respiração aprendida e fixada seja utilizada para não sacrificar o rendimento do atleta. As correções devem ser feitas respeitando a individualidade do atleta.

29. A natação emagrece?

A natação é um exercício excelente que contribui para a saúde cardiovascular, sendo também um exercício de grande gasto calórico. Na maioria das vezes, o indivíduo pode mais queimar calorias em uma aula de natação se comparamos a um treino de corrida. É necessário manter uma rotina de treinos e equilibrar sua alimentação.

30. Choque térmico com chuveiro frio antes da natação, é possível?

Não sou muito a favor da teoria do "choque térmico". Lembre-se que os finlandeses fazem sauna com 40 a 50 °C, saem correndo e caem em piscina gelada. É claro que no Brasil temos o fator cultural, e se alguma criança ficar resfriada você será responsabilizado. Conheço muitas pessoas que após o treino só tomam banho frio e não têm problemas.

O bom senso é o melhor caminho. Use um chuveiro não tão gelado e com isso acredito que você resolverá seu problema. A ducha

Curiosidades Gerais

gelada antecedente à piscina quente não produz efeito fisiológico benéfico nem maléfico sobre as estruturas das crianças. Sabemos que o gelo deve ser utilizado com uma finalidade e, nesse caso, a finalidade do banho antes da aula é apenas para despertar o corpo para a piscina. Nesse caso, a ducha pode ser morna ou na temperatura ambiente. Em geral, as duchas são frias a fim de minimizar os custos com o chuveiro. Um choque térmico não seria o maior problema nessa prática, e sim o risco das crianças pegarem um resfriado pela diferença de temperatura. Tudo depende do objetivo que deseja, para que possa encontrar inclusive artigos a respeito. Desconheço outro objetivo se não o que mencionei para essa prática de se molhar antes de um banho de piscina. Ou faz alguma diferença no desempenho da criança se ela não passar pelo chuveiro?

31. Qual a idade e frequência para se começar a praticar a natação?

As referências indicam que as crianças podem começar a fazer aulas para "estimulação dentro da água" a partir do primeiro mês (Waksman), propiciando além dos estímulos e de massagem aquática, maior interação entre mãe e filho. Outros acreditam que as crianças poderiam iniciar tão logo tenham recebido as vacinas do terceiro mês. Alguns estudiosos, no entanto, acreditam que a partir dos 3 ou 4 anos de idade seria o ideal, porque as crianças estariam menos propensas a infecções por engolir muita água. Além da preocupação com a questão da idade, deve-se levar em conta o profissional que irá desenvolver as atividades, sua experiência, seus cuidados e interação com mães e bebês. Pode-se começar praticando somente uma ou duas vezes por semana, e então posteriormente aumentar para três. Deve-se observar no bebê sua expressão de satisfação por estar no meio líquido e então propiciar mais ou menos vezes de acordo com essa informação.

Curiosidades Gerais

32. Qual o desconforto em colocar os ouvidos na água?

A sensibilidade nos ouvidos e no rosto muitas vezes é resultado do excesso de cuidado no banho.

Algumas mães evitam molhar os ouvidos e rosto dos bebês, e com o tempo eles se habituam a evitar o contato e passam a temer a água. Acredito que esse seja o motivo do desconforto que algumas crianças sentem em contato com a água.

Em alguns casos, também podemos também relacionar à sensibilidade individual. Esse fator se reforça caso essa criança apresente otites e olhos irritados com o contato com a água.

Para minimizar esse desconforto, é bom contar com a colaboração das mães durante o banho da criança.

33. Quando usar touca e óculos?

Bebês não precisam usar touca ou óculos, pois eles devem se sentir à vontade e, como as aulas são de curta duração, cabelos, olhos e a própria pele não ficam expostos por muito tempo ao cloro. O uso desses acessórios só é obrigatório a partir dos 3 anos e depende da adaptação. Se os pais preferirem, no entanto, é possível, desde cedo, acostumar a criança a usar touca, que só não deve ser apertada demais. Mas é interessante ir para a piscina sem óculos, para aprender a abrir os olhos debaixo d'água.

34. Como meu organismo reage diante de atividades físicas no meio aquático?

Os exercícios praticados na água provêm muitos benefícios ao organismo, melhorando sua capacidade funcional (porcentual de massa gorda e magra, aumento dos capilares e capacidade aeróbica), a tonicidade dos músculos que envolvem as vias respiratórias, e melhorando a tonicidade muscular em geral.

Curiosidades Gerais

35. Por que a água favorece a consciência corporal?

Conhecer o espaço do corpo na água, tal como profundidade, tamanho da piscina, empuxo e resistência da água, nos promove uma maior percepção psicomotora, pois entendemos que para criar uma consciência de direcionalidade, por exemplo, precisamos empurrar a água com os pés para trás e para baixo, gerando deslocamento.

Quanto mais o aluno experimentar diversos tipos de deslocamentos na água (frontal, dorsal, vertical, lateral), mais será proporcionada uma consciência de temporalidade – sincronização em coordenar os movimentos de braços, pernas e respiração.

36. A água exige que o corpo encontre outro centro de gravidade?

A água muda nosso centro de gravidade por conta do empuxo, que atua como uma força oposta e causa efeito de leveza ao corpo – flutuação.

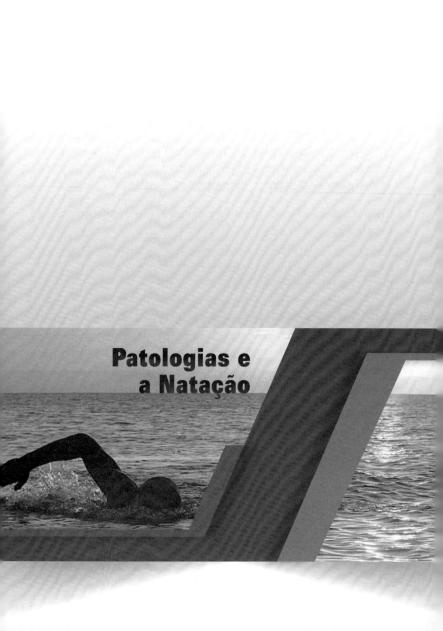

Patologias e a Natação

37. É verdade que natação é boa para asma e outros problemas respiratórios?

Parcialmente, sim. A experiência e mesmo a literatura mostram que a disciplina respiratória que a natação impõe a quem a pratica ajuda muito a estabilizar, reduzir e, em alguns casos, a acabar com problemas como asma e bronquite. Entretanto, é bom frisar que, em geral, a natação deve ser iniciada como coadjuvante de um tratamento conduzido por pneumologista, e não substituir o tratamento sem a orientação adequada. Já vi casos de sucesso total (inclusive, com abandono da "bombinha") e já vi casos em que a natação foi absolutamente insuficiente para diminuir a frequência e as intensidades das crises respiratórias.

38. Pode a natação fazer crescer os ossos e, por consequência, a estatura?

Não apenas a natação, mas também outros esportes oferecem boa forma e saúde, além de auxiliar o organismo em uma adaptação positiva e um funcionamento melhor, em diversos fatores físicos, características que permitem maior aproveitamento de suas potencialidades que também são genéticas. O crescimento ósseo pode pausar em diferentes períodos da vida e varia de estrutura para estrutura, mas geralmente tem término total entre 18 e 20 anos de idade. Por fim, existe o crescimento ósseo, mas não se engane pelo fato que crescimento não é em tamanho e sim em volume. As práticas esportivas programadas e realizadas adequadamente potencializam a densidade mineral óssea durante a adolescência.

39. É um exercício de baixo impacto?

Mesmo sendo uma das atividades físicas que mais queima calorias, a natação traz pouco impacto para as articulações. A natação exige o trabalho de pernas, braços, abdome. A execução igual e bilateral dos movimentos garante o desenvolvimento equilibrado e amplo de todos os músculos sem causar impacto nas articulações.

Patologias e a Natação

40. É necessário o acompanhamento de um médico?

Assim como qualquer outra atividade física, quem quer começar a praticar natação precisa de autorização e supervisão de um profissional. Antes de escolher a modalidade e a intensidade do exercício, o aluno precisa passar por uma avaliação médica. Além disso, o acompanhamento de um especialista que conheça as limitações da pessoa é fundamental em cada aula.

41. Qual o melhor estilo de natação para ajudar a conviver com os problemas acima? Algum estilo não deve ser praticado?

Nenhum nado é proibido; contudo, algumas modalidades sobre-carregam e exigem um esforço maior da coluna como o caso do nado golfinho e borboleta. Mas acredito que você é o principal "termômetro" a respeito desse assunto. Passe a observar se surge algum sintoma após um nado de uma dessas modalidades. Caso contrário, apenas aconselho cautela e que dê preferência para nados como costas e *crawl*. A maioria das pessoas apresenta uma pequena escoliose e podemos conviver com ela sem maiores problemas. Lembre-se que é importante que haja equilíbrio entre a musculatura paravertebral e a musculatura abdominal. Aconselho também que busque a supervisão de um professor de educação física para que verifique se você está realizando os nados de forma adequada.

42. Quem sofre de escoliose não pode nadar o estilo peito e borboleta? Se for de forma moderada pode prejudicar? Por quê?

A escoliose é definida como desvio da coluna vertebral no plano frontal, podendo ser distinguida como escoliose funcional, que está associada a hábitos regulares de posturas incorretas que resultam em assimetrias funcionais na musculatura da coluna vertebral. Há uma prescrição básica feita pelos ortopedistas, que excluem o nado peito e borboleta para quem tem problema de coluna.

Patologias e a Natação

Acredito que exigir a respiração bilateral do aluno que tem escoliose deveria ser prioridade, e nunca recebi essa recomendação de nenhum ortopedista.

Quando temos problema na lombar, realmente em alguns casos a pernada do peito e a ondulação do borboleta podem agravar o problema e devem ser evitadas. Não acredito que no caso da escoliose seja indicado excluir esses nados, mas sim utilizá-los de forma moderada, como citado. Entenda forma moderada como um trabalho intercalado e compensado, com bom senso e observação constante.

43. Quais os cuidados e as recomendações que podemos dar para alunos cardiopatas?

Ao se prescrever exercícios para cardiopatas, é importante que seja realizada inicialmente uma avaliação médica, a qual possivelmente recomendará o exercício como reabilitação no tratamento desse paciente. É comum a realização de testes para que sejam identificadas as cargas de trabalho. Atualmente, a melhor forma de atuar junto ao cardiopata é por meio de um tratamento multiprofissional, ou seja, professores de educação física, médicos, fisioterapeutas, entre outros. Assim, a natação para cardiopatas, assim como qualquer outro exercício, deve ser supervisionado, controlando-se a frequência cardíaca e sendo importante que o professor tenha conhecimento prévio sobre a patologia.

44. Fisiologicamente, qual a importância da natação e benefícios para atletas portadores de bronquite asmática?

A bronquite é a inflamação da membrana mucosa que reveste os brônquios e os bronquíolos, em geral resultante de uma infecção do trato respiratório e uma doença do aparelho respiratório, que torna a respiração difícil e algumas vezes dolorosa. A dor pode estar relacionada com o intumescimento da membrana mucosa que reveste a traqueia. Outros sinais comuns de bronquite incluem

Patologias e a Natação

tosse persistente, dor no peito, febre e expectoração. Em geral, as pessoas com bronquite sentem muito cansaço e evitam atividades físicas como a natação, porque fazem com que aumente a frequência cardíaca, havendo consequentemente um maior consumo de oxigênio e criando um desconforto; este pode ser decorrente do corpo estar recebendo menos oxigênio do que precisa. Essas pessoas podem também se queixar de fadiga.

Os tipos de bactérias que causam a bronquite aguda incluem o *Streptococcus pneumoniae* e o *Haemophilus influenzae*. Esses dois tipos de bactérias são tratados com medicamentos específicos. Mas ela pode ser curada sem medicamentos, adotando-se hábitos saudáveis e esportivos como a natação.

Durante a natação, a ventilação alveolar é mantida graças a um aumento tanto na frequência cardíaca quanto na profundidade da respiração. No exercício moderado, os atletas bem treinados conseguem uma boa ventilação alveolar, aumentando o volume corrente e com aumento pequeno na frequência respiratória, no caso da bronquite, dilatando os brônquios e expandindo e fortalecendo a musculatura responsável pela inspiração e expiração, que ficam comprometidos com a doença. Em virtude dessa respiração mais profunda, a ventilação pulmonar pode aumentar de 70% da ventilação por minuto em repouso até mais de 85% da ventilação total durante um exercício. O fluxo aéreo pulmonar depende de pequenas diferenças de pressão entre o ar ambiente e o ar presente nos pulmões. Essas diferenças são geradas pela ação de vários músculos que agem no sentido de alterar as dimensões da cavidade torácica.

45. Quais os benefícios da água quente durante a prática da natação?

A água quente tem a função de tratar lesões e servir como relaxamento muscular de qualquer parte do corpo. A imersão do corpo em água quente promove alterações no sistema circulatório.

Patologias e a Natação

Quando o nosso corpo humano é submergido na água, ele tenta voltar à temperatura normal com bombeamento mais rápido do coração. Quanto mais tempo o corpo fica imerso em água quente, mais o sangue é aquecido, e acaba acarretando na dilatação dos vasos sanguíneos e transporte de oxigênio aos tecidos.

Outros benefícios: alívio da tensão sobre esforço muscular; alívio de cólicas; previne e alivia dores nas articulações (artrite ou artrose).

46. Quando o indivíduo está praticando exercícios na água, uma resistência natural passa a ser oferecida ao corpo. Que tipo de ganho ele agrega com isso?

Nesse caso, o que pode ser agregado é o aumento da massa magra (ganho de força e aumento das fibras musculares).

47. A água possui efeito massageador?

A água é reconhecida por ser um relaxante muscular natural. Na água, o indivíduo é capaz de realizar movimentos que poderiam restringi-lo se ele os executasse em uma sala de ginástica, por exemplo. Dentro da piscina, o indivíduo é capaz de relaxar suas articulações, e assim realizar os movimentos com mais facilidade e autonomia.

48. A água pode favorecer pessoas com excesso de peso ou mulheres grávidas?

A água pode favorecer e contribuir para a melhoria desse aspecto ligado a benefícios para a saúde desses indivíduos. A natação é um esporte totalmente aeróbico, e isso auxilia na queima de gordura e posteriormente na diminuição da massa corporal gorda. Além de proporcionar vários outros benefícios, a natação também é conhecida por não gerar lesões aos seus praticantes. A água também promove relaxamento, evita inchaços e auxilia no fortalecimento de alguns músculos que serão de suma importância para o bebê e para a sua mãe na hora do parto.

Crianças e o Meio Aquático

Crianças e o Meio Aquático

49. Quais os objetivos da natação para os bebês e crianças?

- Adaptação e ambientação ao meio líquido: a fim de promover ativamente o seu domínio para o indivíduo de forma prazerosa.

- Socialização: a relação entre os pais, bebês e professores, por meio da aprendizagem de observação, jogos lúdicos e novas amizades.

- Estimulação e desenvolvimento: a liberdade nos estímulos recebidos na água, a afetividades dos pais e as propostas em aula ajudam o bebê e a criança a aprimorar sua compreensão do mundo e a melhorar a sua qualidade de vida.

- Autossalvamento: é a busca por manter-se na superfície e/ou chegar à borda da piscina por meios de movimentos rústicos (nado de sobrevivência – cachorrinho). Tais movimentos de sobrevivência serão consolidados por meio de experiências aprendidas durante as aulas, mostrando às crianças o respeito ao meio aquático, ensinando-as a não entrar na piscina sem supervisão e mostrando-lhes também a melhor forma de sair da água. Prevenção é segurança!
(Vide: sobrasa.org; aguasmaisseguras.org; inati.com.br)

50. Fatores ambientais podem influenciar o desenvolvimento aquático infantil?

As crianças frequentemente atrasam seu aprendizado perceptivo e motor por causa de restrições ambientais. Portanto, deve-se apresentar um ambiente criativo e educativo adequado para as aulas (Gallahue e Ozmun, 2001).

51. Características e estratégias para turmas de bebês e crianças. Como devo planejar?

Desde os bebês, as crianças devem ser estimuladas ao desenvolvimento global tanto dentro como fora da água, por meio de aulas planejadas em ambientes pedagogicamente adequados, como definimos na resposta anterior (vide pergunta nº 50).

Crianças e o Meio Aquático

Bebês – trabalho de estimulação passiva e ativa. Importante a utilização da música como uma das estratégias, pois, durante essa fase adaptativa, a criança aprende por meio de imitações e fantasias.

A música, que é um estímulo relacional, pode, a princípio, parecer não ter nada a ver com a aprendizagem dos movimentos na água, mas ela pode auxiliar muito no processo, devido à associação da música e o movimento pelo prazer.

Crianças – elas começam a obter uma maior linguagem corporal, portanto, o professor deve focar em trabalhar segmentos corporais. Estratégias de experimentação livre, parcial e dirigida ajudam a aula a ser criativa, para que todos consigam participar de forma integral da aula.

52. Qual critério devo estabelecer para formatar um estilo de ensino?

Saber o comportamento do seu grupo, o que eles gostam, o qual a melhor estratégia para tal grupo. Conhecer e saber o nível de desenvolvimento do seu grupo, principais habilidades que estão consolidadas e se adequar para tal realidade. Promover em toda e qualquer ocasião o fator segurança na aula. É necessário saber o tempo disponível diante do grupo/aula. E, por último, qual o perfil do professor, que vai ser de suma importância para o grupo que o terá em mãos.

53. Colocando meu filho para nadar do ponto de visto motor, o que devo observar em cada faixa etária? O que vai acontecendo?

- 0 a 2 anos: fase denominada reflexiva e rudimentar; as aulas de natação têm como objetivo promover diversas possibilidades de exploração e estimulação; conhecidas também como brincadeiras sensoriomotoras.
- 2 a 7 anos: fase denominada fundamental; as aulas de natação têm como objetivo o trabalho de exploração das habilidades

Crianças e o Meio Aquático

aquáticas, transição da autonomia para a construção dos nados; também conhecida como estágio pré-operatório.

- 7 a 11 anos: fase denominada especializada; é possível corrigir o aluno tecnicamente, nessa fase em que os quatros nados são trabalhados como processo de estratégia de aula. Também é conhecida como estágio concreto.

- A partir de 11 anos: movimentos especializados e contextualizados; na natação é comum encontrarmos nesse período meninas que realizam melhores tempos e treinos que os meninos e meninas que ainda não alcançaram a menarca – primeira menstruação – muitos segundos atrás das melhores. Fase conhecida como estágio formal.

54. É verdade que crianças aprendem mais rápido a nadar do que adultos?

Sim. As crianças normalmente ainda não foram sujeitas às décadas de experiências negativas e informações incorretas que normalmente subjugam o adulto, tornando-o mais tenso durante as primeiras semanas de sessões e mais resistente a muitas orientações que lhe são passadas. Livre dessas tensões iniciais, o aprendizado das crianças flui em geral mais facilmente, o que torna o processo como um todo mais rápido.

55. Quando fazer atividades recreativas na natação?

Sempre. O lúdico é sempre muito bem-vindo pelas crianças. E para os jogos aquáticos como polo ou biribol, se forem introduzidos de forma lúdica, não há idade para começar.

56. Quanto mais cedo a criança entrar na piscina, mais facilidade ela terá em nadar?

Sim. O desenvolvimento da criança depende da exigência de tarefas, de fatores biológicos e condições do ambiente, ou seja, quanto

Crianças e o Meio Aquático

mais cedo seu bebê for estimulado, maior será o repertório motor e a aquisição de habilidades.

57. O contato precoce com a água fará com que ela não desenvolva medo de entrar na piscina ou no mar?

Em termos. O receio de entrar na água é adquirido depois de um trauma ou, às vezes, por causa dos pais, que repassam seus próprios medos à criança. A coragem para entrar na água depende do esforço dos pais, que precisam estar próximos e dando apoio ao pequeno sempre.

58. Na água, a relação entre mãe/pai e filho se estreita?

Sim. O laço de confiança entre o bebê e a mãe ou pai se estreita, porque esse é um momento especial, direcionado somente aos responsáveis. Além disso, o contato, o toque e o carinho estimulam o lado afetivo e emocional da criança.

59. Bebês que frequentam a piscina têm mais chance de desenvolver problemas no ouvido?

Depende. A dor de ouvido acontece quando a piscina não está bem tratada. É importante ficar atento para ver se o cloro está com pH neutro e pouco concentrado e se a água está na temperatura ideal. Uma atitude que ajuda a evitar o problema é enxugar bem o ouvido da criança. Isso porque a umidade favorece a proliferação de bactérias, o que pode levar à otite. Outra sugestão é o bebê fazer uso de um tampão moldável, acessório que evita a entrada de água no ouvido.

60. Os bebês com problemas respiratórios se beneficiam das atividades dentro da água?

Sim. A natação fortalece desde a musculatura torácica ao diafragma, o que torna a troca de oxigênio mais fácil e natural. É comum, por exemplo, crianças com bronquite apresentarem uma melhora no problema depois do início da prática.

Crianças e o Meio Aquático

61. A água da piscina precisa estar morna?

Em termos. De acordo com o pediatra Newton Brussi, de São Paulo, a água deve estar por volta de 26 °C. Mais do que isso, o ambiente fica muito quente para o pequeno nadar.

62. Piscinas tratadas com cloro agridem a pele da criança e podem provocar alergia?

Depende. Normalmente, em piscinas de clubes e escolas, coloca-se muito cloro para evitar a proliferação de bactérias e fungos. Quando a concentração está alta demais, a criança pode desenvolver algumas alergias, como a vermelhidão nos olhos. Agora, se o pequeno for alérgico ao cloro – o que não é muito comum, é indicada uma piscina que receba outros tipos de tratamento, como sal e ozônio.

63. Durante as aulas de natação, a criança pode usar a boia?

Em termos. A utilização da boia durante as aulas de natação não é indicada porque pode limitar a aprendizagem do pequeno. No entanto, nos momentos de lazer, a boia pode dar à criança a segurança de que ela precisa para se sentir a vontade na água.

64. A criança deve começar a nadar só depois de completar 1 ano?

Não. Quanto mais cedo começar o trabalho dos estímulos sensoriais e a ambientação dos bebês na água, maior será o repertório motor e emocional dele – o que auxilia em um crescimento saudável, tanto mental como físico. Bebês a partir de 6 meses já podem frequentar a piscina e fazer aulas de natação. Nessa fase, a criança já terá tomado parte das principais vacinas.

65. Os mergulhos/imersões nas aulas de bebê comprometem à riscos para a saúde deles?

Sabemos que até os 2 anos de vida as crianças encontram-se no estágio sensório motor, com características notáveis e adquiridas por reflexos. Eis que os bebês param de respirar assim que mergulham na água (epiglote). E com a traqueia mais elevada, eles

Crianças e o Meio Aquático

podem abrir a boca o tanto que quiserem. A água não entra nos pulmões, vai diretamente para o estômago. A imersão não é um fator que compromete a saúde e o desenvolvimento do bebê, como apontam inúmeros estudos e artigos científicos; salvo a exceção da temperatura corporal, pois é ligada à diferença de troca de calor do bebê com o meio líquido. Vide questão 61.

66. Qual o papel do professor para aulas de natação infantil? O que ele deve saber?

O professor deve ser um facilitador do aprendizado, auxiliar na orientação (experimentação livre, parcialmente dirigida, dirigida). Em suas aulas deve diversificar estratégias (lúdica, demonstração, vídeo, associação, foco externo, desafios, etc.) e possibilitar diferentes vivências. É de suma importância que o profissional conheça aspectos do desenvolvimento global, de saúde e emergências, de relacionamento, técnicos e de segurança, como recomendação do Inati (Instituto de Natação Infantil).

67. Que tipo de recomendações médicas são importantes para a prática da natação infantil?

Saber nadar poderá contribuir para sua sobrevivência, em caso de afogamento; estimula à coordenação motora; recomendável realizar aulas, no mínimo, duas vezes por semana, por fatores relacionados a concentração, memória de curta e longa duração; facilita o processo de ensino-aprendizagem; é um esporte para todas as idades: por ser um esporte sem impacto, crianças, idosos e mulheres grávidas não correm o risco de lesões ósseas e musculares.

68. Quando o bebê pode começar a prática da natação?

É preciso consultar um pediatra e ter em mãos um atestado médico. "A medida serve para garantir que o bebê esteja com todas as vacinas tomadas para a sua idade, e que ele não tenha nenhum problema de saúde que o impeça de fazer atividades na água",

Crianças e o Meio Aquático

diz Evandro Palanca, professor de natação infantil da unidade Morumbi da Academia Gustavo Borges, de São Paulo.

A natação é indicada a partir dos seis meses, mas a liberação para a prática da atividade depende da criança e da análise do pediatra. É preciso esperar o sistema imunológico oferecer proteção mínima para levá-la a ambientes coletivos por períodos prolongados, como acontece em uma aula na piscina.

69. Os pais precisam participar das aulas?

Dos 6 meses até 1 ano, é necessário a presença de um dos pais na piscina. Se não for possível, o ideal é que seja uma pessoa próxima do bebê. É muito importante a presença dos pais, na qual funciona como um elemento de segurança e bem estar físico e psicológico, além de ser um momento de contato especial, de prazer e aproximação entre a criança e seus pais.

70. Qual o melhor momento em que os pais devem sair das aulas de natação para bebês?

Em muitas metodologias de ensino, esse processo ocorre por volta de 2 a 3 anos, porém aconselhamos analisar o caso de um ou outro que, por dependência emocional dos pais, ainda necessita de sua presença na borda ou dentro da piscina por algumas aulas. Assim, ele fica mais tranquilo e confiante, e o professor pode realizar gradativamente o afastamento dos pais. Em alguns casos, a saída completa dos pais do ambiente é mais favorável, uma vez que a criança não tem o apelo visual paterno para chorar e chamar a atenção. O importante é conversar com os pais, explicar que a fase é de muitas adaptações para o bebê, que o choro faz parte do processo, e buscar uma solução juntos. Uma estratégia para atrair o aluno para a piscina é colocar uma bacia na borda, cheia de água com brinquedos, e deixá-lo brincar e se adaptar com o ambiente. Com o passar das aulas, o professor vai trazendo a bacia para a piscina até que a criança esteja dentro

Crianças e o Meio Aquático

da água sem perceber. Como o bebê nessa fase não consegue se concentrar por períodos maiores que 15 minutos, é importante usar a estratégia de mudança de música, de material ou de espaço na piscina a cada 10 ou 15 minutos para evidenciar uma mudança de foco.

71. Como são as aulas?

As aulas podem ser divididas em temas: força, equilíbrio, mergulho, segurança ou para trabalhar cognição. "Os bebês são motivados com cores, números e animais de brinquedo. A música é a base das aulas. Como eles ainda não sabem falar, as canções ajudam a assimilar os exercícios e as atividades", afirma o professor Rafael Rodrigo dos Santos.

72. É preciso dar banho logo depois da aula?

O banho é importante para retirar o cloro e assim preservar a hidratação da pele do bebê. É interessante que aconteça ao término da aula, para que a criança descanse e fique mais confortável. Os pais devem usar produtos de higiene específicos para a idade e, especialmente nas crianças acima de dois anos, sempre fazer uso do chinelo. O calçado protege contra infecções por fungos, seres que gostam do calor e da umidade das piscinas aquecidas.

As academias que oferecem aulas específicas para bebês normalmente possuem estrutura para a saída da piscina, além de vestiário equipado com banheiras, trocadores e chuveiros elevados, para que o responsável não precise se abaixar e ficar em posição desconfortável.

73. O que comer antes da aula?

Segundo o pediatra Felipe Lora, é indicado alimentar as crianças com uma hora de antecedência. Os bebês podem ser amamentados, e as crianças maiores devem ingerir frutas sólidas, que

Crianças e o Meio Aquático

garantem energia, além de algo líquido, como água e suco, para evitar desidratação mais rápida durante a aula.

74. É melhor suspender a natação no inverno?

Não necessariamente. Depende de cada criança. O afastamento deve ser consenso entre família e pediatra. Mas, como a temperatura fora da piscina está mais baixa, é preciso ter em mãos roupão atoalhado com capuz, para deslocar o bebê da piscina até o vestiário. As doenças respiratórias ficam mais suscetíveis durante a temporada mais fria do ano, mas a natação é aliada, pois melhora a musculatura respiratória, diminuindo assim a incidência das demais patologias.

75. Na natação para crianças de 10 a 12 anos, qual seria a melhor aula, a lúdica ou não? Qual é a melhor pedagogia a ser adotada?

O lúdico pode tornar o aprendizado mais prazeroso, então deve estar sempre presente no trabalho de natação em qualquer faixa etária. Você pode criar estratégias que incluam atividades lúdicas que contribuam para alcançar o objetivo principal, sempre tomando muito cuidado para manter o domínio da aula e a disciplina. Particularmente acredito que envolver o aluno, para que ele acredite no seu trabalho e se empenhe para realizar uma boa aula, é a melhor pedagogia. Sugiro essas leituras para auxiliar na parte lúdica que requer muita criatividade.

76. Como prender a atenção das crianças nas aulas de natação?

A criança tem que se envolver com o seu objetivo, pois só assim vai ficar atenta e se dedicar. Como envolver sua criança? Ela vai acompanhar a sua aula, sua empolgação e o seu amor pela natação, tenho certeza disso. Para isso, basta que você acredite no que faz, sinta prazer e alegria em estar rodeado de crianças que dependem da sua "mágica" para se tornarem grandes nadadores.

Crianças e o Meio Aquático

Elas têm de perceber a importância de não serem "bananas", e sentir sua satisfação por estarem evoluindo. Elas devem ter bem claro que sua aula não é de "bagunção" mas sim de natação.

As atividades devem ser intercaladas, uma de conteúdo, exigindo qualidade e fundamento, outra para desenvolver habilidades aquáticas de forma mais relaxada, com cara de brincadeira. Nunca colocar castigos, mas sim prêmios. "Vocês nadaram bonito então vamos fazer (coloque alguma atividade que eles gostam)". O lúdico é muito importante, mas sempre deve ter um objetivo.

Mesmo nas correções, colocar termos infantis: "Mão de aranha? Quero mão de nadador!"; "Essa perna parece de minhoca. Vamos fazer uma perna bem forte de campeão!". Há muitas histórias meio malucas que sempre deram resultado. Espero que sua turma entre na linha e que você consiga realizar um bom trabalho.

77. Como aproximar (toque) das crianças na natação?

A piscina é um meio que amedronta, e o professor desconhecido não traz a confiança que a criança precisa. Para poder iniciar um trabalho, antes de tocar é preciso cativar. É necessário que eles o conheçam e possam perceber que você tem algo a oferecer. Na cabeça da criança não fica bem claro o porque ela está ali vivendo essa situação de estresse e desagradável. Ela não vai permitir que uma pessoa estranha a toque ou a conduza. Minha sugestão é que por meio de histórias e brinquedos você se aproxime e ganhe a confiança das crianças. Deixe os conteúdos e objetivos da natação de lado e pense apenas na aproximação, em elos de confiança que precisam existir para que possam permitir o toque, a aproximação e o início do trabalho de aprendizado de habilidades aquáticas.

78. Na natação para crianças de 3 a 6 anos, como são programadas as atividades? São brincadeiras? E onde posso ler sobre isso?

Crianças e o Meio Aquático

Existem diversas formas de trabalhar, e você deve se adaptar aos objetivos e métodos da escola mantendo sua linha de trabalho. A programação de aula deve se basear no objetivo final. Se você acredita no lúdico, inclua no seu trabalho como estratégia motivacional, mas sempre bem fundamentada. Por exemplo: quando vamos dar uma flutuação em decúbito ventral podemos batizar de foguetinho e quando incluir batimento de perna é o motor que foi ligado, tudo com um ar de encantamento, mas lembrando de todos os itens a serem observados. Posição de cabeça, batimentos de pernas e a qualidade de execução devem ser exigidas proporcionalmente à maturidade de cada faixa etária. A utilização de música é indicada: versões de músicas infantis incluindo "um bate perninha bem fortinha" até "um roda roda" terminando "com natação alegre é". O grande segredo é realizar seu trabalho com muito amor, conhecimento e envolvimento.

A leitura que indicamos é a tese de Mauricio Duran. (Vide *link*: http://repositorio.unicamp.br/jspui/handle/REPOSIP/275459)

79. Colocando meu filho para nadar desde bebê, ele tem mais chances de ser um campeão?

Absolutamente não. A natação para bebês é uma atividade de estimulação precoce que tem a ver com aperfeiçoar o pleno desenvolvimento cognitivo (do intelecto), afetivo (das emoções) e motor (dos movimentos e posturas) do indivíduo. Portanto, nada a ver com uma eventual formação de um campeão. Isso, se acontecer, será decisão e trabalho para bem mais tarde. Já li e ouvi citações de casos de campeões que começaram a nadar bem tardiamente (8 ou 9 anos) e de inúmeras crianças que nadaram quando bebês e que hoje simplesmente gostam e desfrutam de lazer na água (o que já é muito bom).

80. Qual a importância do elogio na aula de natação?

O elogio muda comportamentos: quando uma criança se sente gratificada após uma tarefa, ela tende a repeti-la, pois ela percebe que foi valorizada e progride.

81. Meu filho participou de um festival, chegou em primeiro lugar ganhou a mesma medalha do último colocado. Isso é certo?

Nos festivais de natação infantil, cada criança compete em seu tempo, e o que é valorizado é a participação, por isso todos são premiados e recebem o mesmo prêmio. Esses eventos ajudam os alunos a trazer a família para a escola, e o prestígio da participação dos pais ajuda a criança a desenvolver, posteriormente, um papel na iniciação desportiva.

Treinamento Desportivo

82. Quais são os principais erros que os nadadores cometem?

- Evite espalhar muito água, não brigue com a água. Espirrar muita água na execução do seu lado, é sinal que precisará melhorar sua sensibilidade;
- Não entrar com a ponta dos dedos no início da braçada. O ideal é colocar a mão a 45 graus da superfície da água;
- Não pare a perna. Mantenha a movimentação ascendente e descente das pernas, acompanhando a rotação do corpo (*crawl* e costas);
- Não tire muito os pés da água ao nadar. Você estará desperdiçando energia e diminuindo seu deslocamento;
- Flexão excessiva dos joelhos;
- Não inicie a respirando antes de soltar todo o ar debaixo da água. Você corre o risco de demorar muito para soltar e pegar o ar – respiração atrasada;
- Não tensione demais a musculatura. Guarde sua força para os momentos certos;
- Realize a troca respiratória, limpando o acúmulo de CO_2.

83. A idade para o início da natação teria aumentado, alterando as estatísticas de prevenção do afogamento e promovendo a segurança na água?

Não, cada vez mais um número crescente de programas de natação oferecem aulas de natação para bebês e crianças. A Academia Americana de Pediatria (AAP) agora concorda que as aulas de natação podem ajudar a aumentar a sensibilização para a segurança de água e evitar o afogamento.

A maioria das aulas tem como objetivo não especificamente a técnica do nado, mas sim adaptação ao meio líquido, segurança e habilidades básicas como o salto em águas profundas e sobrevivência e sustentação.

84. Quais são as principais formas de contaminação de piscinas?

- Contaminantes químicos e microbiológicos adicionados pelos banhistas na água da piscina;

Treinamento Desportivo

- Contribuições químicas solúveis: urina; coloidal;
- Secreções (nasal, faringe, cutânea);
- Cremes, cosméticos, filmes, pele, cabelos etc.;
- Contribuições microbiológicas;
- Bactérias, vírus e parasitas.

85. Sobre a prática da natação no inverno, como devemos proceder?

Pesquisas indicam que o equilíbrio fisiológico para o melhor rendimento cardiovascular e muscular, em laboratório, ocorre na temperatura ambiente de 24 °C. Quanto maior a capacidade de movimentos do praticante, maior e mais rápida será a elevação da temperatura do corpo, fazendo com que desapareça aquela sensação de frio após cerca de 5 minutos de atividades.

86. Quais são os benefícios da natação?

- Melhora seu sistema respiratório;
- Melhora seu sistema imunológico;
- Você ganha um novo ânimo: quem pratica atividades físicas tem uma maior disposição para fazer as coisas do dia a dia;
- Melhora a coordenação motora;
- Enrijece os músculos;
- Relaxa a mente e a memória, garantindo uma ótima oxigenação para o cérebro;
- Ajuda a combater o estresse;
- É um exercício aeróbico;
- Queima em média 600 calorias por hora;
- Melhora seu sistema cardiovascular;

87. Quais são os tamanhos oficiais de uma piscina olímpica?

O comprimento de uma piscina olímpica oficial é 50 metros. A largura, de 25 metros. Já a temperatura da água, de acordo com regras da Federação Internacional de Natação (FINA), deve ser mantida entre 26 e 28 °C e a profundidade deve ser de 2 metros. A largura entre as raias é 2,5 metros.

88. Já ouvi dizer que o nadador César Cielo Filho bateu recordes mundiais em uma piscina de jarda. Qual o tamanho dessa piscina em metros?

Jarda é uma unidade de comprimento utilizada em alguns países de cultura inglesa, e 100 jardas equivalem a 91,44 metros.

Nadando pela Universidade de Auburn, nos Estados Unidos, nas competições da NCAA, Cesar Cielo Filho bateu os recordes mundiais nas 50 jardas livre (18s47) e nas 100 jardas livre (40s92).

89. Quais os pontos fundamentais para uma boa aula de natação?

- *A posição do nado*: é muito comum haver erros na posição do corpo na água, por isso o ponto importante é executar giros laterais a fim de diminuir a resistência frontal e o quadril estar alinhado com os ombros, joelhos e calcanhares, mantendo-os próximos da linha da água.

- *A propulsão de pernas*, quando executada de forma ascendente e descendente, torna-se movimento mais eficiente e ajuda a ganhar maior velocidade no nado. O nadador deve tentar deixar os tornozelos relaxados durante a execução do movimento. Dica: realize alongamentos para fortalecer a região.

- *A respiração* também é outro ponto importante, pois em provas curtas (50 m/100 m livre) os nadadores respiram o mínimo possível, pois se realizada de modo errado pode resultar em uma técnica incorreta, levando o atleta a se cansar, perder tempo, ritmo e engolir muita água. *Na pergunta nº 22 detalhamos melhor tal fundamento*.

Muitos nadadores relatam que o ponto fundamental em uma prova de natação são os fundamentos de *saídas e viradas*. Uma ótima saída poupa energia, diminui o atrito na água e aumenta a velocidade durante a competição. Quando as viradas são bem executadas, o nadador não vai pegar a força de arrasto (fluxo de água que existe atrás do nadador durante o nado). O grande nadador

Michael Phelps, em suas saídas e viradas, quando executa esses fundamentos de modo diferente dos demais nadadores em uma prova, por exemplo, direciona o seu corpo para baixo e para o fundo, fugindo do arrasto e ganhando milésimos, e até mesmo segundos, preciosos na prova.

90. Por que o nado submerso é importante na natação?

Considerado por muitos o quinto nado nos dias de hoje, o submerso tem se tornado cada vez mais decisivo nas provas de alto rendimento.

Em determinados nados, por exemplo, o nado borboleta pode compor até 60% do nado, além de ajudar no descanso dos braços e a musculatura superior do corpo.

91. Aquecimento ou alongamento antes da sua aula ou treino?

Segundo um estudo da "Warm-up and stretching in the prevention of muscular injuries", da University of Alabama, Estados Unidos, a melhor maneira de aquecimento é aquela que imita o gesto esportivo, uma vez que prepara o corpo para a atividade que vai ser realizada e aquece os grupos musculares envolvidos. Isso nada mais é do que um ponto muito conhecido pelos educadores físicos: especificidade.

92. Como melhorar meu desempenho na natação?

Treinar todos os dias ou realizar sessões de treinos extensas não é o melhor dos mundos, mas sim mudar a rotina de treinamento para melhorar o rendimento e ter mais resultados. Passos que são fundamentais no treinamento são algo que todo nadador deve ter na sua cabeça. Treinar com frequência, combinar a natação com outras modalidades, variar as intensidades do seu treino e não nadar apenas o nado *crawl*, variando com outros nados.

Treinamento Desportivo

93. Nadar no mar e nadar na piscina é diferente? O que acontece com o meu nado?

- *Técnica de nado:* na água salgada a sensação é que estamos nos movendo na água de forma rápida e eficiente.

- *Braçada:* ao contrário do nado na piscina, a recuperação da braçada em águas abertas deve ser realizada com o braço estendido, pois a flutuação no mar favorece o nadador e isso não vai sobrecarregar a região dos ombros durante a prova.

- *Pernada:* na piscina sabemos que o padrão de pernada poderá ser 2 tempos, 4 tempos ou 6 tempos (seis batidas de perna a cada braçada). Já em águas abertas a técnica muda completamente: cadência 1 × 1 (uma batida de perna a cada braçada).

- *Posição da cabeça:* na piscina os olhos são direcionados para o fundo da piscina, proporcionando uma maior velocidade de nado. Nas águas abertas, a posição da cabeça é mais alta e existe uma constante elevação da mesma para o nadador se localizar durante uma disputa de prova. A maneira mais fácil para realizar o movimento é executá-lo antes de realizar a respiração lateral. Respirar com a cabeça para a frente não é sugerido, uma vez que requer mais energia para fazer o movimento, além de deixar o nado mais lento. A dica é olhar para frente a cada dez braçadas.

94. Quero nadar em águas abertas. Como devo treinar?

A primeira dica é começar a treinar na piscina nadando de olhos fechados, assim você se acostuma a nadar em linha reta mesmo sem conseguir ver para onde está indo. A segunda dica é manter respirações bilaterais, e é recomendada a respiração 3 × 1 (três braçadas para cada respiração, alternando os lados).

É preciso ainda lembrar que no mar não é possível colocar o pé no chão ou se segurar na borda da piscina para descansar, nem fazer as viradas para ganhar impulso, além da existência de ondas e correnteza; o vento torna o esforço maior. Por isso, se você pretende

Treinamento Desportivo

nadar um quilômetro no mar, por exemplo, a dica é se preparar nadando pelo menos o dobro, dois quilômetros, na piscina.

95. Qual a melhor técnica e tática para contar as boias nas provas de águas abertas?

Na natação no mar, utilizamos duas técnicas para contornar as boias:

- A primeira é contornar a boia e continuar com o mesmo nado. A braçada é mais curta, com o braço que está do lado de dentro, para que você possa contorná-la com maior rapidez.

- A segunda técnica, e a mais comum nos nadadores de maratonas aquáticas, é realizar uma braçada de costas para contornar a boia. Você tem de ultrapassar a boia e deixar que a última braçada de *crawl* dada coincida com o braço que está do lado de dentro. Nesse momento, você dará meio giro com o corpo, aproveitando uma braçada de costas para mudar de direção. Você deixará a boia mudando para o *crawl* novamente.

Em ambos os casos, é importante que tanto na entrada quanto na saída da boia você suba para olhar e localizar o próximo ponto de referência, que poderá ser a próxima boia.

96. Como devo elaborar um programa de treinamento para a natação? Quais pontos são determinantes para isso?

Caso o programa tenha 20 semanas para um atleta de médio nível, a distribuição será:

- Base: 8 semanas, 40%
- Específico: 9 semanas, 45%
- Polimento: 3 semanas, 15%

(Lima, 2006).

97. Tenho medo de realizar a virada olímpica na natação. O que devo fazer para perder esse medo?

O movimento de realizar uma cambalhota na água para aperfeiçoar a metragem e tempo em aula é uma proposta desafiadora ao

Treinamento Desportivo

praticante. O movimento da virada exige uma noção de temporalidade, uma vez que o movimento acontece na maioria das vezes sem o auxílio da visão. Tal gesto motor é natural no cotidiano do nadador e posteriormente trará ao próprio o autocontrole, convicção e coragem.

Se você tem medo de realizar essa habilidade, separamos uma sequência pedagógica para você trabalhar: realizar rolamento em tapete na borda e terminar na posição de *streamline*; na água, realizar o rolamento com auxílio de um basto, bolas, aquatubo ou professor; realizar a cambalhota na água, após o impulso na parede e em deslocamento.

98. Qual musculatura é envolvida na braçada e pernada dos nados competitivos?

- *Crawl*

  Braçada: *(S) = fase submersa/(R) = fase recuperação*

  Peitoral maior (S), deltoide (S) (R), tríceps (S) (R), grande dorsal (S) (R), redondo maior (S) (R), bíceps braquial (S), músculos do antebraço (S), músculos abdominais oblíquos (S), trapézio (S) e romboides (S).

  Pernada: quadríceps, bíceps femoral, glúteo máximo, gastrocnêmio e sóleo.

- Costas

  Braçada: *(S) = fase submersa/(R) = fase recuperação*

  Deltoide (S) (R), tríceps (S) (R), grande dorsal (S), redondo maior (S), bíceps braquial (S), trapézio (S), músculo do antebraço (S), peitoral maior (S) (R) e abdominais oblíquos (S).

  Pernada: quadríceps, bíceps femoral, glúteo máximo, gastrocnêmio e sóleo.

- Peito

  Braçada: (S) = fase submersa / (R) = fase recuperação

  Peitoral maior (S), deltoide (S) (R), tríceps (S) (R), grande dorsal (S) (R), redondo maior (S), bíceps braquial (S), músculos do antebraço (S), trapézio (S) e romboides (S) e reto abdominal (S).

Treinamento Desportivo

Pernada: glúteo médio, tensor da fácia latia, bíceps femoral, quadríceps, adutores de coxa, gastrocnêmio e sóleo.

- Borboleta

Braçada: (S) = fase submersa / (R) = fase recuperação

Deltoide (S) (R), trapézio (S), abdominais oblíquos (S), grande dorsal (S), redondo maior (S), músculos do antebraço (S), peitoral maior (S) (R), tríceps (S) (R), bíceps braquial (S), reto abdominal paravertebrais (R) e romboides (R).

Pernada: quadríceps, bíceps femoral, glúteo máximo, gastrocnêmio e sóleo (Lima, 2005).

99. O que são palmateios? Para que servem?

São exercícios de propriocepção para reconhecer a noção espacial do corpo, sua posição, a força exercida pelos músculos e a posição das partes do corpo. Esses movimentos ajudam o nadador a aumentar sua relação com a água e, como consequência, executar um melhor movimento de propulsão, produzindo braçadas mais eficientes e melhorando o deslocamento.

Além da sensibilidade, o exercício também serve para aumentar a força e o equilíbrio muscular.

100. Quais os melhores educativos? Por exemplo, como o do técnico Bob Bowman para o nadador Michael Phelps?

- Para o nado *crawl*: braçada em três fases: mantenha um braço de apoio e o braço contrário executa a braçada unilateral. Antes da mão entrar na água, encoste seu dedo no antebraço do braço que está parado. Volte a braçada e encoste sua mão em seu quadril. Só então, complete a braçada. Faça o mesmo movimento com o outro braço. Esse educativo ajuda a estabilizar seu corpo na água.

- Para o nado de costas: manter os dois braços parados ao lado do corpo. Realize a braçada com um dos braços. Somente quando a braçada terminar, ou seja, quando o braço estiver novamente

51

Treinamento Desportivo

ao lado do corpo, comece a braçada com o outro braço. Esse educativo ajuda o nadador a sentir a puxada submersa, assim como trabalhar bem a rotação dos ombros.

- Para o nado peito, duas pernadas com uma braçada/duas braçadas com uma pernada. Novamente, outro educativo bem simples de ser executado. Faça um ciclo completo do nado, e então faça uma pernada de peito sem fazer a braçada. Mantenha os braços estendidos em posição de *streamline* na superfície da água. Na volta, faça o contrário. Um ciclo completo do nado, com uma braçada sem fazer a pernada. Esse educativo é importante para ajustar a coordenação dos braços e pernas.
- Para o nado borboleta, dois, dois e dois: bastante executado pela maioria dos nadadores de borboleta. Realize duas braçadas somente com o braço esquerdo (mantendo o direito parado na frente), duas somente com o direito, e duas nadando o borboleta completo. Evite respirar quando estiver fazendo o nado com apenas um lado, foque em respirar apenas no nado completo.

Bibliografia

Bibliografia

Adams JA. A closed-loop theory of motor learning. Washington: Journal of Motor Behavior, 1971; 3:111-50.

Bartlett FC. Remembering: A study in experimental and social psychology. Cambridge: Cambridge University Press, 1932.

Bernstein N. The coordination and regulation of movements. New York: Pergamon, 1967.

Blanksby BA, Parker HE, Bradley S. Children's readiness for learning front crawl swimming. Melbourne: Australian Journal of Science and Medicine in Sport, 1995; 27(2):34-7.

Catteau R, Garoff G. O ensino da natação, 3 ed. São Paulo: Manole, 1990.

Chollet D, Chalies S, Chatard JC. A new index of coordination for the crawl: description and usefulness. International Journal Sports Medicine, 2000; 20:54-9.

Davies CTM, Barnes C, Godfrey S. Body composition and maximal exercise performance. In:_____. Children. Human Biological, 1972; 44:195-214.

Fernandes VS. Motivação para a prática da natação mirim e possíveis razões para o abandono na fase petiz. Trabalho de Conclusão de Curso. São Paulo: Centro Universitário Nove de Julho, 2005.

Fitts PM, Posner MI. Human performance. Belmont, California: Brooks/Cole, 1967.

Freudenheim AM, Manoel EJ. Organização hierárquica e a estabilização de um programa de ação: um estudo exploratório. São Paulo: Revista Paulista de Educação Física, 1999; 13(2):177-96.

Gallahue DL, Ozmun JC, Goodway JD. Compreendendo o desenvolvimento motor: bebês, crianças, adolescentes e adultos, 7 ed. Porto Alegre: AMGH, 2013.

Gardner H. Inteligências múltiplas. Porto Alegre: ArtMed, 2000.

Gesell A. Maturation and infant behaviour pattern. Psychological Review, 1929; 36:307-19.

Green SB, Salkind NJ, Akey TM. Using SPSS for windows: analyzing and understanding data, 2 ed. New Jersey: Prentice Hall, 2000.

Maglischo EW. Nadando ainda mais rápido. São Paulo: Manole. 1999.

Makarenko LP. Natação: seleção de talentos e iniciação desportiva. Porto Alegre: ArtMed, 2001.

Manoel EJ. Desenvolvimento motor: Implicações para a educação física escolar I, 8 ed. São Paulo: Revista Paulista de Educação Física, 1994; 81-97.

Bibliografia

Mansoldo AC. A iniciação dos quatro nados. São Paulo: Ícone, 1996.

Matsudo VKR, Perez SM. Teste de corrida de quarenta segundos: características e aplicação. In: Centro de Estudos do Laboratório de Aptidão Física de São Caetano do Sul. CELAFISCS: dez anos de contribuição as ciências do esporte. São Caetano do Sul: CELAFISCS, 1986; 151-96.

Mota J. Aspectos metodológicos do ensino da natação. Porto: Edição da Associação de Estudantes da Faculdade de Ciências do Desporto e de Educação Física da Universidade do Porto, 1990.

Oyama S. The ontogeny of information: developmental systems and evolution. Cambridge: Cambridge University Press, 1985.

Pereira RS, Silva CG. Contribuição da prática de natação no desenvolvimento cognitivo de crianças na terceira infância. EFDeportes.com. Buenos Aires: Revista Digital.

Piaget J. A formação de símbolo na criança: imitação, jogo e sonho, imagem e representação. Tradução de Álvaro Cabral e Cristiane Monteiro Oiticica. Rio de Janeiro: Zahar, 1975.

Piletti N. Psicologia educacional. São Paulo: Ática, 1995.

Santos S, Souza SP. Atividades aquáticas: contribuições para o desenvolvimento psicomotor no início da infância, 2010.

Sites consultados:

http://www.raiaoito.com.br/

http://www.cbda.org.br/

http://www.bestswim.com.br/

https://www.swim.com.br/

http://www.sobrasa.org/

http://www.inati.com.br/

http://aguasmaisseguras.org/

http://umich.edu/

IMPRESSÃO:

Santa Maria - RS | Fone: (55) 3220.4500
www.graficapallotti.com.br